BIRTHDAY REMINDER NOTEBOOK

This book belongs to

January

1

2

3

4

5

6

7

8

January

9

10

11

12

13

14

15

16

January

17

18

19

20

21

22

23

24

January

25

26

27

28

29

30

31

February

1

2

3

4

5

6

7

8

February

9

10

11

12

13

14

15

16

February

17

18

19

20

21

22

23

24

February

25

26

27

28

29

enjoy every moment.

March

1

2

3

4

5

6

7

8

March

9

10

11

12

13

14

15

16

March

17

18

19

20

21

22

23

24

March

25

26

27

28

29

30

31

April

1

2

3

4

5

6

7

8

April

9

10

11

12

13

14

15

16

April

17

18

19

20

21

22

23

24

April

25

26

27

28

29

30

May

1

2

3

4

5

6

7

8

May

9

10

11

12

13

14

15

16

May

17

18

19

20

21

22

23

24

May

25

26

27

28

29

30

31

June

1

2

3

4

5

6

7

8

June

9

10

11

12

13

14

15

16

June

17

18

19

20

21

22

23

24

June

25

26

27

28

29

30

July

1

2

3

4

5

6

7

8

July

9

10

11

12

13

14

15

16

July

17

18

19

20

21

22

23

24

July

25

26

27

28

29

30

31

August

1

2

3

4

5

6

7

8

August

9

10

11

12

13

14

15

16

August

17

18

19

20

21

22

23

24

August

25

26

27

28

29

30

31

September

1

2

3

4

5

6

7

8

September

9

10

11

12

13

14

15

16

September

17

18

19

20

21

22

23

24

September

25

26

27

28

29

30

October

1

2

3

4

5

6

7

8

October

9

10

11

12

13

14

15

16

October

17

18

19

20

21

22

23

24

October

25

26

27

28

29

30

31

November

1

2

3

4

5

6

7

8

November

9

10

11

12

13

14

15

16

November

17

18

19

20

21

22

23

24

November

25

26

27

28

29

30

December

1

2

3

4

5

6

7

8

December

9

10

11

12

13

14

15

16

December

17

18

19

20

21

22

23

24

December

25

26

27

28

29

30

31

Notes

Notes

Notes

Notes

Notes

Notes

Notes

Notes

Notes

Notes

Notes